중요한 변화를 만드는
25가지 작은 습관들

습관이 되면
술술 풀려요

미래의 멋진 나로 이끄는 생활·공부·건강 습관

어린이 생활 사전 04 습관
매일 조금씩 꾸준히 해내는 힘

습관이 되면 술술 풀려요

1판 1쇄 발행 2025년 2월 10일

김수현 글 · 장선환 그림
펴낸곳 머핀북 · 펴낸이 송미경 · 편집 skyo0616 · 디자인 최수정
출판등록 제2022-000122호 · 주소 서울시 마포구 신촌로2길 19 마포출판문화진흥센터 304호
전화 070-7788-8810 · 팩스 0504-223-4733 · 전자우편 muffinbook@naver.com
인스타그램 muffinbook2022 · 블로그 blog.naver.com/muffinbook

©김수현, 장선환 2025

ISBN 979-11-93798-20-1 73190

중요한 변화를 만드는
25가지 작은 습관들

습관이 되면
술술 풀려요

미래의 멋진 나로 이끄는 생활·공부·건강 습관

김수현 글 장선환 그림

머핀북

매일
꾸준히 해내는 힘,
습관

우리나라 속담 중에 '세 살 버릇 여든까지 간다'는 말이 있어요. 어린 시절 내 몸에 익은 습관들은 나이가 들어서도 계속 남아 있다는 뜻이에요. 좋은 습관이면 다행인데, 안 좋은 습관인 경우 고치려 노력해도 나도 모르게 습관대로 행동하게 돼요. '처음부터 좋은 습관만 몸에 익혔다면 좋았을 텐데.' 하고 후회해도 소용없는 일이지요.

그런데 여러분은 좋은 습관에 대해 잘 알고 있나요? 좋은 습관을 들여야 한다고 생각하지만 어떤 것이 나에게 도움이 되는 좋은 습관인지 몰라서 헤매는 친구들이 참 많더라고요. 그래서 선생님이 이 책을 쓰게 되었어요.

이 책에는 잘못된 습관 때문에 일상에서 크고 작은 어려움을 겪는 친구들, 마음이 힘든 친구들이 나와요. 나쁜 습관 때문에 괴로운 친구들에게 어떤 선택이 도움이 될지 함께 고민하고, 친구들에게 꼭 필요한 바른 습관을 골라 주세요. 친구를 위하는 마음으로 신중하게 선택하다 보면 여러분도 바른 습관의 중요성에 대해 깨달을 수 있어요. 또한 여러분도 모르는 사이 저절로 좋은 습관이 몸에 자리 잡을 거예요.

그리고 중요한 사실! 이 책에 실린 25가지 습관만 잘 익혀도 여러분이 원하는 꿈에 보다 쉽게 다가갈 수 있어요. 꿈을 위해 노력하는 훌륭한 삶을 살 수 있고요. 자, 그럼 시작해 볼까요?

초등 교사 김수현

차례

건강·위생 습관

01 친구의 깔끔한 사물함이 신기해

색연필을 가지러 사물함에 갔는데 뒤죽박죽 엉망이라 도무지 못 찾겠어.

그런데 친구 사물함은 엄청 깨끗하더라? 나도 정리를 좀 해야 하나?

1 사물함이 더럽든 깨끗하든 그건 네 자유지. 친구한테 피해를 주는 것도 아니잖아! 그냥 내버려둬.

2 매일 정리하려면 귀찮으니까 한 달에 한 번만 대청소하면 돼.

3 정리는 한꺼번에 하려면 힘들어. 매일 조금씩 정리해 봐. 그리 어렵지 않아.

'멋진 선택'은 다음 쪽에서 확인!

사물함이 깨끗하게 정돈되어 있으면 기분이 좋아져요. 책이 가지런히 꽂혀 있고 색연필, 사인펜, 가위, 풀 같은 문구용품이 각각의 자리에 놓여 있으면 물건이 한눈에 들어와서 찾기도 쉽지요. '사물함이 이렇게 넓었나?' 하는 생각이 들 만큼 눈이 휘둥그레질 거예요. 그런데 친구의 사물함이 깨끗한 비결은 뭘까요? 바로 매일, 조금씩, 그때그때 정리하는 습관 덕분이에요. '아, 귀찮아.', '나중에 몰아서 하면 돼.'라고 생각하지 않아요.

무슨 일이든 한꺼번에 하는 것은 힘들어요. 적은 시간과 노력으로 금방 끝낼 수 있는 일도 야금야금 쌓이다 보면 어느새 확 늘어나 버려요. 물건 정리, 방 청소도 마찬가지예요. 하루 날을 잡아서 대청소하는 것도 좋지만, 그보다는 매일 조금씩 청소하는 것이 방을 깔끔하게 오래 유지할 수 있는 비법이에요. 이렇게 정돈된 방은 집중력을 높이고 학습에 긍정적인 영향을 준답니다.

💬 사소하지만 중요해! 정리하는 습관

다 쓴 물건은
바로 정리해.

물건은 정해진
제자리에 둬.

📋 나를 위해 바꾸자! 습관➕

학교 사물함

- 교과서는 세워서 정리하면 꺼내 쓰기 쉬워요.

- 물티슈, 가위, 자, 풀, 크레파스, 줄넘기 같은 물품은 바구니에 담아 정리하면 더 깨끗해요.

내 방 책상

- 자주 쓰는 필기구, 공책은 손이 닿는 가까운 곳에 두어요.

- 책상 서랍 안에 무엇이 있는지 알기 쉽게 라벨을 붙여요.

게임 시간을 지키기 어려워

딱 30분만 게임을 하기로 엄마랑 약속했는데, 막상 게임을 시작하면 그게 잘 안 돼. 게임 시간 지키는 게 세상에서 제일 어려운 것 같아. 혹시 게임 중독인가?

30분만 게임? 그건 불가능해! 부모님은 게임이 얼마나 재미있는지 전혀 모르신다니까.

게임은 자제할 수 있는 만큼만 즐겨야 해. 안 그러면 진짜 중독될 거야.

게임에 질릴 때까지 밤새 해 봐. 그럼 그만하고 싶어질걸?

'멋진 선택'은 다음 쪽에서 확인!

게임을 오락으로 적당히 즐기는 것은, 분명 우리에게 큰 즐거움을 주어요. 알게 모르게 쌓여 있던 스트레스도 뻥 날려 주지요. 하지만 시간이 가는 줄도 모르고 게임에 빠지는 것은 결코 가벼운 문제가 아니랍니다. 자칫하다간 게임 때문에 여러분의 일상생활까지 무너질 수 있으니까요.

보통 게임을 즐겨 하는 친구들은 "게임을 하면 머리를 식힐 수 있어서 나중에 공부할 때 집중이 잘돼요."라고 말해요. 그러나 실제로는 그렇지 않다고 합니다. 게임을 하는 동안 여러분의 뇌는 쉴 새 없이 강한 자극을 받아서 피로가 더 쌓인다고 해요. 그러니 게임은 여러분이 스스로를 통제할 수 있는 만큼만 해야 해요. 만약 그럴 수 없다면 그게 바로 중독의 시작이거든요. 쉽지 않겠지만 게임 중독에 빠지지 않도록 내가 스스로를 지키려는 마음을 굳게 가져 보아요. 여러분은 할 수 있어요!

💬 사소하지만 중요해! 건강한 게임 습관

스스로 조절할 수 있을 만큼만 즐기자.

약속한 게임 시간은 꼭 지키자.

⌨ 나를 위해 바꾸자! 습관⁺

평소 좋아하거나 관심 있었던 활동이 있나요? 새로운 즐거움을 찾게 되면 게임 시간이 점차 줄어들고 게임에 집착하는 습관도 자연스레 고쳐질 거예요. 아래 빈칸을 채우면서 여러분의 의지를 다져 보세요.

게임 외에 내가 좋아하는 것

예) 그림 그리기, 책 읽기, 보드게임, 다이어리 꾸미기

게임이 생각날 땐 이렇게!

예) 줄넘기 30개 하기, 좋아하는 노래 듣기

03 손에서 핸드폰을 놓지 못하겠어

핸드폰을 보고 있으면 온 세상이 멈추는 것 같아. 부모님이 부르는 소리도 안 들린다니까? 그래서 부모님한테 혼난 적이 한두 번이 아니야. 어떡하지?

부모님과 상의해서 핸드폰 사용 시간을 정해 봐. 이럴 때 필요한 게 바로 자제력이야.

핸드폰은 친구들과 채팅할 때 꼭 필요해. 안 그러면 사이가 멀어진다고! 그러니까 핸드폰을 꼭 쥐고 있어.

그러다가 핸드폰을 뺏기면 어떡해! 부모님 눈을 피해서 요령껏 몰래몰래, 슬쩍슬쩍! 알겠지?

'멋진 선택'은 다음 쪽에서 확인!

핸드폰은 우리 일상에서 없어서는 안 될 중요한 물건이긴 해요. 하지만 뭐든 과하게 사용하는 건 바른 태도가 아니에요. 아래 문항을 같이 볼까요?

· 핸드폰 이용 시간을 조절하는 것이 어렵다.
· 핸드폰이 옆에 있으면 다른 일에 집중하기 어렵다.
· 핸드폰을 하고 싶은 충동을 자주 느낀다.
· 핸드폰 때문에 가족과 심하게 다툰 적이 있다.

위 문항 중 하나라도 해당되면 '핸드폰 과의존'이에요. 이 경우 건강을 해치고 가족 관계가 나빠지며, 넓은 세상을 경험할 기회도 스스로 날리는 셈이지요. 그러니 핸드폰을 잠시 내려놓고 바깥 활동을 더 많이 하고, 친구들과 채팅 대신 진짜 목소리로 마음을 나누세요.

사소하지만 중요해! 올바른 핸드폰 사용 습관

핸드폰 채팅보다는 진짜 목소리를 나누자.

사용 시간을 정하고 자제력을 발휘해 봐.

나를 위해 바꾸자! 습관⁺

다음은 핸드폰 사용 시간을 줄일 수 있는 방법이에요. 사소해 보이는 이 행동이 여러분의 습관을 천천히 바꿔 줄 거예요.

- 잠잘 때는 손이 닿지 않는 곳에 멀리 두기

- 가족과 시간을 보낼 때는 무음이나 진동 모드로 하기

- 공부할 때는 핸드폰 금지 구역을 만든 뒤 가져다 놓기

- 걸을 때는 가방이나 주머니에 넣고 잠시 멈추기

- 오랫동안 사용하지 않은 앱의 알림을 끄거나 삭제하기

- 독서, 운동, 취미 활동 시간 늘리기

*자료 출처: 한국지능정보사회진흥원

04 자꾸만 우산을 잃어버려

아침에 분명히 우산을 쓰고 등교했거든? 그런데 하교 때 빈손으로 왔더라고. 우산이 어디 갔지? 기억이 하나도 안 나. 난 대체 왜 이럴까?

1

아직 어려서 그래. 어른이 되면 나아 질 거야. 너무 마음 쓰지 마.

2

우산 정도는 괜찮아. 대신 비싼 물건은 절대 잃어버리면 안 돼.

3

크든 작든 내 물건은 내가 챙겨야 해. 그 누구도 널 대신해 주지 않아.

'멋진 선택'은 다음 쪽에서 확인!

21

물건을 자주 잃어버리는 친구들은 평소 말과 행동이 빠른 경향이 있어요. 그러니까 좀 더 차분하게 행동할 수 있도록 노력해 보세요. 그러면 물건을 잃어버리거나 깜빡하는 일이 확 줄어들 거예요.

하지만 가장 중요한 것은 내 물건을 소중히 여기는 마음, 아끼는 마음, 감사하는 마음이에요. 그리고 내 물건을 잘 챙기고 지키려는 노력이 꼭 필요해요. '잘 챙겼겠지.' 하고 방심하는 태도는 바람직하지 않아요. 하지만 이렇게 노력했는데도 물건을 잃어버리는 경우가 있어요. 그러니 조금 귀찮더라도 물건마다 꼭 이름을 쓰도록 하세요. 이름표를 붙이면 분실했을 때 찾기 쉽고, 다른 사람이 잘못 가져갈 확률도 줄일 수 있어요. 마지막으로 물건을 잃어버려도 찾지 않는 습관이 없는지, 돈이나 물건을 펑펑 낭비하고 있지 않은지도 돌아보세요. 내 물건을 지키려는 노력뿐만 아니라 되찾으려는 노력도 중요하답니다.

🗨 사소하지만 중요해! 물건을 소중히 여기는 습관

내 물건을 감사히,
소중히 생각하자.

물건마다
이름표를 붙이자.

📅 나를 위해 바꾸자! 습관⁺

좋은 습관을 기르려면 먼저 '내가 되고 싶은 모습'부터 정해야 해요. 그리고 그 모습이 되기 위해 노력해야 할 행동을 적어 보는 거죠. 해내기 아주 쉬운 것부터요! 아래 빈칸을 채운 뒤 도전해 보세요.

내가 되고 싶은 모습	내가 해야 할 노력
● 물건을 야무지게 잘 챙겨요.	● 자리를 떠날 때 빠뜨린 것이 없는지 살펴요.
●	●
●	●

05 # 학교 숙제를 자주 까먹어

일기 숙제를 또 깜빡했어. 일부러 그런 게 아닌데, 자주 깜빡하니까 선생님과 친구들이 날 의심하는 것 같아. 오해를 받으니까 속상하고 창피해.

1. 메모를 하면 깜빡하는 실수를 줄일 수 있어. 메모를 잘 보이는 곳에 붙여 두면 더 좋고!

2. 너만 그러는 것도 아닌데, 뭘. 다들 깜빡깜빡해. 별로 큰일 아니니까 고민하지 마.

3. 학교 숙제를 까먹다니, 선생님한테 따끔하게 혼나야겠네. 그럼 훨씬 나아질 거야.

'멋진 선택'은 다음 쪽에서 확인!

사람의 기억력은 분명 한계가 있어요. 시험 때 교과서를 열심히 공부하고 외워도 며칠, 아니 몇 시간 만에 금방 까먹기 일쑤지요. 특히 대수롭지 않게 생각한 일들은 마음에 크게 남지 않아서 깜빡하는 일도 많고 심지어 생각이 아예 안 나기도 해요. 그럼 조금이라도 더 오래 기억할 수 있는 방법은 무엇일까요?

네, 맞아요. 메모하는 습관이에요. 메모장에 해야 할 일, 준비물, 꼭 알아야 할 것들을 적어 보세요. 글씨로 쓰는 동안 머릿속에 한 번 더 남게 되어 좀 더 오래 기억할 수 있답니다. 또한 할 일이 무엇인지 정확히 알게 되어 누가 시키지 않아도 스스로 하게 될 거예요. 스스로 해야 할 일이 무엇인지 알고 있는 친구와 부모님, 선생님이 시키는 일만 하는 친구의 미래는 완전히 다르다고 합니다. 그러니 여러분이 꼭 기억해야 하는 것일수록 꼼꼼히 메모한 다음 잘 보이는 곳에 두어 자주 눈에 익도록 해 보세요.

··· 사소하지만 중요해! 메모하는 습관

중한한 일이라면 무조건 메모하자.

잘 보이는 곳에 메모를 두어 눈에 익혀 봐.

나를 위해 바꾸자! 습관⁺

● 2절지 도화지에 월 달력을 그린 뒤 벽에 붙이세요. 준비물, 숙제, 시험 등을 해당 날짜에 꼼꼼히 써 놓으면 절대 까먹지 않을 거예요.

● 해야 할 일을 핸드폰 알람으로 설정해 보세요. 반드시 끝내야 하는 시간 전에 미리 알람이 울리면 도움이 될 거예요.

준비물을 빠뜨리고 등교했어

다시금 새로운 한 주가 시작되었어. 그런데 앗! 집에 신주머니를 두고 왔지 뭐야. 학교에 도착해서야 알아차렸어. 에구구, 난 왜 이렇게 덜렁댈까?

① 세상에 완벽한 사람이 어딨어. 실수할 수도 있지. 안 그래?

② 선생님께 이 상황을 차분히 설명드려. 다음부터는 학교 갈 준비를 미리미리 하고!

③ 엄마가 신주머니를 안 챙겨 주신 거잖아? 네 잘못 아니야.

'멋진 선택'은 다음 쪽에서 확인!

미리 좀 챙기지!

사람은 누구나 실수해요. 중요한 물건을 미처 챙기지 못하는 실수는 누구든지 할 수 있답니다. 그런데 문제는, 실수가 너무 잦으면 안 된다는 거예요. 실수가 습관이 되면 곤란하니까요. 그럼 어떡해야 이런 실수를 줄일 수 있을까요? 맞아요. 준비! 미리 준비해야 해요. 내일을 위한 준비는 오늘 해야 합니다. 우리는 학교에 다니는 학생이니까, 학교 갈 준비는 반드시 잠자리에 들기 전에 깔끔히 해 놓아야겠죠? 아침에 허겁지겁 숙제와 준비물을 챙기면 빠뜨리는 실수를 할 확률이 높아요. 챙겨야 할 준비물이 어디 있는지 찾느라 지각을 할 수도 있고요. 그래서 잠들기 전에 알림장을 확인하고 숙제와 준비물을 미리미리 챙겨야 해요. 이렇게 학교 갈 준비를 날마다 꾸준히, 스스로 하다 보면 '준비성'이 생기는데 이 대수롭지 않은 습관이 학교생활을 즐겁게 해 주고 꿈을 이루는 밑거름이 된답니다.

💬 사소하지만 중요해! 미리 준비하는 습관

내일을 위한 준비는
오늘 꼭 하자.

미루는 순간 까먹기
쉬워. 미루지 말자.

🗓 나를 위해 바꾸자! 습관➕

다음은 잠들기 전 꼭 해야 할 일이에요. 이중에서 내가 이미 하고 있는 행동에 동그라미를 치세요. 그 외 나머지
행동들도 나의 습관이 될 수 있도록 해 보세요. 아침이 여유롭고 상쾌해질 거예요.

알림장, 가정통신문 확인하기	숙제, 준비물 챙기기	필통, 공책 정리하기
물통 챙기기	책가방 미리 싸기	내일 입을 옷 골라 두기
기상 알람 설정하기	양치하기	책상 위, 방 안 정리하기

07 툭하면 거짓말이 나와

친구들의 관심을 끌고 싶어서 나도 모르게 자꾸 거짓말을 하게 돼. 어떨 땐 거짓말이 너무 술술 나와서 스스로 놀랄 때도 있어. 이러다 진짜 거짓말쟁이가 되는 거 아냐?

그 정도 거짓말은 재미 삼아 해도 돼. 혹시 들키더라도 농담이었다고 하면 되니까.

거짓말은 결국 들켜. 무엇보다 친구들은 너다운 모습, 솔직한 모습을 훨씬 좋아할걸?

친구들에게 멋지게 보이고 싶을 뿐 나쁜 의도는 없잖아? 아마 친구들도 조금씩 거짓말을 할 거야.

'멋진 선택'은 다음 쪽에서 확인!

어른들 중에도 거짓말을 종종 하는 사람들이 있어요. 거짓말을 하는 데에는 여러 이유가 있지만, 제일 큰 이유는 다른 사람들에게 좋은 평가를 받고 싶어서일 거예요. 계획이 전혀 없는데 놀이공원에 갈 거라고 하고, 시험 성적이 별로 안 좋은데 잘 보았다고 거짓말하는 것도 다른 친구들의 부러움을 사고 싶기 때문이죠.

거짓말은 처음부터 하지 않는 것이 중요합니다. 거짓말은 꼬리에 꼬리를 물고 계속 반복되거든요. 거짓말이 들통날까 봐 또 거짓말을 하게 되고 결국 친구들의 신뢰를 잃고 말지요. 솔직한 마음을 표현할 때가 제일 나다운 것이랍니다. 거짓말로 꾸며 낸 모습은 진정한 내가 아니잖아요. 거짓말은 언젠간 들키고, 사소했던 거짓말도 점점 큰 거짓말로 변할 겁니다. 마음을 솔직하게, 자유롭게 표현하는 사람이 되도록 노력해 보세요.

사소하지만 중요해! 거짓말하지 않는 습관

거짓말은 결국 들켜.
처음부터 안 하는 게
좋아.

솔직한 마음을
표현할 때 제일
나다운 거야.

나를 위해 바꾸자! 습관⁺

거짓말이 나오려 할 때 속으로 '잠깐!' 하고 멈춘 뒤 다음의 질문을 스스로에게 해 보세요. 당연하고 시시해 보일지 몰라도, 거짓말을 멀리하고픈 마음이 조금은 싹틀 거예요.

● 나의 거짓말이 다른 친구에게 피해를 주거나 상처를 주면 어쩌지?

● 거짓말을 하는 순간, 또 다른 거짓말을 계속 해야 하면 어떡하지?

● 거짓말이 들킨 순간, 친구들이 나를 어떤 표정으로 바라볼까?

● 설사 들키지 않더라도 나 자신을 속이면 양심에 찔리지 않을까?

35

나도 모르게 거친 말이 나와

친구랑 같이 블록 놀이를 하다가 나도 모르게 "에잇, 씨. ㅋ@#$!"라고 말
했어. 별 뜻 없이 무심코 한 말인데 친구 표정이 확 구겨지더라. 내 말투가
좀 심했나?

1

욕을 하면 짜증이 확 풀리지? 네 기분이 제일 중요하니까 가끔 말하는 건 괜찮아.

2

네가 하는 말은 바로 너이기도 해. 그러니 너를 빛나게 하는 말을 하는 게 어때?

3

혼자 있을 때는 해도 돼. 듣는 사람이 아무도 없으니까 상관없지.

'멋진 선택'은 다음 쪽에서 확인!

'말 한마디로 천 냥 빚을 갚는다'는 말이 있어요. 내 입에서 흘러나온 말에는 그만큼 강력한 힘이 있답니다. 뿐만 아니라 말하는 사람의 내면이 그대로 드러나지요. 그러니까 말 한마디로 여러분이 빛날 수도 있고, 반대로 빛을 잃을 수도 있어요.

그런데 여러 친구들과 어울리며 다양한 일들을 겪다 보면 짜증이 나고 화가 날 때가 있어요. 그럴 때는 거칠고 험한 말 대신 여러분의 마음을 표현할 수 있는 다른 방법을 찾아보세요. 바르고 고운 말은 상대방을 기쁘게 하는 마법의 힘을 지녔지만, 예의 없고 부정적인 말은 상대방을 파괴하는 핵폭탄 같은 위력을 지녔어요. 이 점을 꼭 기억하면 좋겠어요.

그렇다면 다른 사람이 보지 않을 때는 나쁜 말을 써도 될까요? 그렇지 않아요. 나쁜 말은 금방 입에 붙어 버려요. 나쁜 말이 습관이 되지 않게 아예 내 입에서 꺼내지 않도록 조심하세요.

💬 사소하지만 중요해! 고운 말을 하는 습관

예쁘고 고운 말은
나를 빛나게 해.

나쁜 말이 입에
붙지 않게 조심해.

🎹 나를 위해 바꾸자! 습관⁺

화났던 일을 떠올리며
마음 다스리기

- '내가 이런 일에 화를 내려 했다고?'

- '친구한테 안 좋은 일이 있나 봐.'

-

-

화날 때는
마법의 문장 크게 말하기

- "그래, 그럴 수 있지."

- "이만하길 다행이야."

-

-

여자애가 시끄럽다고 핀잔을 들었어

친구들이랑 보드게임을 하다가 크게 웃었어. 그랬더니 짝꿍이 "여자애가 왜 이리 시끄럽냐." 하는 거야. '여자애가'라니? 너무 기분 나빠. 내가 이상한 거야?

1

원래 여자는 남자보다 얌전하잖아. 네가 행동을 조심했어야지.

2

시끄러웠다면 미안한 일이지만 남자, 여자를 따지는 건 아니지. 전혀 상관없는 문제야.

3

분명 친구도 시끄럽게 군 적이 있을 거야. 기억을 잘 끄집어내서 너도 친구에게 따져!

'멋진 선택'은 다음 쪽에서 확인!

여자는 남자보다 더 조용하고 차분해야 할까요? 반대로 남자는 여자보다 더 시끌벅적 활달하게 놀아도 되나요? 학교 교실에서 친구들과 함께 지낼 때 남자는 이래야 하고, 여자는 저래야 한다는 법칙 같은 건 없어요. 기본적으로 지켜야 할 매너는 분명 있지만 그건 남녀 성별과는 전혀 상관없답니다. 이런 생각이 점점 커지면 자칫 누군가를 바라볼 때 차별하거나 편견을 가지게 될 가능성이 높아요. 따라서 이러한 생각이나 말은 하지 않도록 조심해야 해요. 모두가 행복한 교실을 만들기 위해 누가 더 노력해야 한다거나 누가 더 희생해야 하는 건 아니에요. 우리는 성별을 떠나 서로를 동일한 인간으로 대하면서 똑같이 배려하려는 마음을 가져야 합니다. 그런 마음이 우리 모두에게 자리 잡을 때 차별적 언어 습관이 사라질 거예요. 그러니 '여자니까 얌전하게, 남자니까 씩씩하게!' 같은 생각은 버리도록 해요.

사소하지만 중요해! 차별하지 않는 습관

매너를 잘 지키는 건
남녀 상관이 없어.

친구를 있는 그대로
편견 없이 바라보자.

  **나를 위해 바꾸자! 습관➕**

남자답다, 여성스럽다는 표현이 여전히 많이 쓰이는 만큼 아직도 우리말에는 고정 관념이 담긴 차별 언어가 많아요. 아래는 일상 속에서 자주 쓰는 차별 언어예요. 무엇이 문제인지 함께 이야기해 보아요.

무심코 쓰는 말	문제점	바르게 고친 말
집사람	집에만 있는 사람으로 낮추는 말	아내
벙어리	장애인을 얕잡아 보는 말	언어 장애인
유모차	엄마만 끄는 수레로 한정하는 말	유아차
여의사	성별을 굳이 밝혀 구분하는 말	의사
조선족	중국 겨레를 비하하는 말	중국 동포
잡상인	자질구레한 물건을 파는 사람으로 낮추는 말	만물상

10

만화책만 읽고 싶어

책은 따분해. 만화책 배고는 다 재미없어. 그런데 사서 선생님이 만화책
말고 다른 책도 읽으면 좋겠다고 하셨어. 만화책은 책 아닌가? 아휴.

1 책을 아예 안 보는 친구들에 비하면 엄청 훌륭한데? 아주 잘하고 있어.

2 만화책 말고도 재미있는 책이 참 많아. 다양하게 읽다 보면 책의 재미에 푹 빠질 거야.

우아!

내 눈이 더 중요해.

3 책을 너무 많이 봐도 눈 나빠져. 책은 만화책 몇 권만 읽어도 충분해.

'멋진 선택'은 다음 쪽에서 확인!

성공한 사람들에게는 공통점이 하나 있대요. 바로 독서를 즐겼다는 것이지요. 책 읽기는 특별한 것이 아니라 작은 습관입니다. 우리 손에서 절대 떨어져서는 안 되는 것이지요. 우리가 매일 밥을 먹고 잠을 자는 것처럼 일상 속에 자연스레 녹아들 수 있도록 책을 가까이하는 습관을 들이면 좋겠어요. 그런데 만화책은 그림이 많아서 장면이 빠르게 바뀌어요. 그래서 상대적으로 훨씬 쉽고 재미있게 느껴지지요. 만화책이 나쁜 것은 아니지만, 만화책만 보게 되면 글이 많은 책을 읽는 일이 점점 더 어려워질 거예요.

이 세상에는 만화책만큼이나 재미있는 책이 정말 많아요. 만화책만 재미있고, 다른 책들은 재미없다는 건 잘못된 생각이랍니다. 도서관에 가면 수많은 책들이 여러분을 기다리고 있어요. 그중에서 분명 여러분이 좋아할 책을 발견할 수 있을 거예요. 여러분의 마음에 쏙 드는 그 책을 곧 만날 수 있기를 바랄게요.

💬 사소하지만 중요해! 독서하는 습관

책의 재미에
푹 빠져 보자.

짧은 시간이라도
틈틈이 읽으려고
노력해 봐.

📅 나를 위해 바꾸자! 습관➕

책을 많이 읽으면 어휘력, 상상력, 창의력이 풍부해지고 생각하는 힘도 커져요. 아래의 작은 실천으로 독서 습관을 키워 보세요.

독서 통장 쓰기

조금은 부담스러운 독서 감상문 대신,
독서 통장을 써 보세요. 읽은 날짜,
제목, 감상 한 줄만 적는 거죠.
기록이 쌓일수록 뿌듯할 거예요.

곳곳에 책 놓아두기

손이 쉽게 닿는 곳마다 책이 있으면
자투리 시간에 자연스레 책을 펴게
될 거예요.

11

알림장 글씨가 엉망이야

휘뚜루마뚜루 뚝딱. 얼른 알림장을 써서 검사를 받는데, 선생님 표정이 심상치 않으셨어. 내가 봐도 좀 엉망이긴 해. 그런데 글씨 쓰는 게 너무 귀찮아. 어떡하지?

1 너는 네 글씨를 알아보지? 너만 알아볼 수 있으면 상관없어.

2 사소한 것 하나를 하더라도 정성껏, 정확히 하려는 태도가 중요해.

3 글씨를 잘 쓰려면 너무 오래 걸리잖아. 뭐든 빨리 끝내는 게 최고야!

'멋진 선택'은 다음 쪽에서 확인!

49

글씨 쓰는 것을 귀찮아하는 친구들이 생각보다 많아요. 게다가 얼른 해치우려는 조급한 마음까지 들면 맞춤법도 틀리고 글씨도 더 엉망이 되지요. 하지만 서두르다 보면 실수가 잦아져서 오히려 더 늦어져요. 그러니 닥치는 대로 마구 해치우려는 태도는 꼭 고치도록 노력하세요.

무엇보다 글씨를 알아볼 수 없을 만큼 휘갈겨 쓰는 버릇이 생기면, 정작 중요한 순간에 자신의 실력을 발휘하지 못할 수 있어요. 그러니 사소해 보이는 알림장 한두 줄일지라도 최선을 다해 정확하고 바르게 쓰려고 노력해야 합니다. 작은 것 하나라도 내 손끝에서 만들어지는 모든 것에 최선을 다하는 태도가 여러분을 훌륭하게 성장시켜 줄 거예요. 또한 이러한 태도와 마음가짐이 곧 여러분의 실력이 된답니다!

🗨️ 사소하지만 중요해! 최선을 다하는 습관

하나를 하더라도
정확히!

모든 일에
최선을 다하자.

📅 나를 위해 바꾸자! 습관⁺

글씨를 반듯하게 쓰는 데에도 작은 습관과 노력들이 필요해요. 아래의 내용을 잘 새겨서 글씨를 또박또박 예쁘게 써 보세요.

- 허리를 곧게 펴고 앉아 연필을 바르게 잡아요.

- 연필을 너무 세우거나 눕히지 않아요.

- 종이나 공책이 움직이지 않게 반대 손으로 종이를 잡아요.

- 글씨 크기를 일정하게 쓰려고 노력해요.

- 띄어쓰기를 지켜요. 단어 사이만 한 칸을 띄어요.

12 자꾸만 할 일을 미루게 돼

방학 숙제를 오늘, 내일 계속 미루었더니 개학이 코앞으로 다가왔어. 미리
미리 해야 한다는 걸 알지만 마음과 달리 실천하기가 어려워. 어떡하지?

해야 할 일을 적고 하나씩 해낼 때마다 V 표시를 해 봐. 훨씬 쉽고 마음도 뿌듯할걸?

어차피 다 네 일이니까, 한꺼번에 하든 나누어서 하든 상관없잖아? 꼭 미리 해야 한다는 생각을 버려.

할 일을 쌓아 두었다가 한꺼번에 싹 해치우는 것도 스릴 있어. 그것도 괜찮은 방법이야.

'멋진 선택'은 다음 쪽에서 확인!

미루니까
찜찜해.

다음으로 미루는 것, 친구들이 가장 흔하게 저지르는 잘못된 습관이에요. 할 일을 자꾸만 미루는 사람은 게으르다는 오해를 받기 쉽습니다. 그리고 할 일을 미루면 사실 마음속으로는 불안해요. 어차피 결국엔 해야만 하는 일이니까요. 그래서 가급적 오늘 할 일은 내일로 미루지 않는 것이 좋답니다.

먼저 해야 할 일을 최대한 자세히 적어 보세요. 그리고 하나씩 해낼 때마다 V 표시를 하는 거예요. 그 일을 몇 시에 할지, 그 일을 하는 데 시간이 얼마나 걸리는지도 적으면 좋아요. 이렇게 매일 해내려고 노력하다 보면 어느새 부지런한 사람이 되어 있을 거예요.

이 책을 읽고 있는 오늘, 지금 이 순간은 화살과 같아서 한번 지나가면 다시는 돌아오지 않아요. 지금 할 수 있는 일과 오늘 해야 하는 일을 소홀히 여기지 않고 그날그날 성실히 해내는 습관을 들인다면 여러분이 원하는 꿈을 꼭 이룰 수 있을 거예요.

사소하지만 중요해! 미루지 않는 습관

해야 할 일 목록을
자세하게 적어.

우선순위를 정해서
중요한 일부터 해.

나를 위해 바꾸자! 습관+

규칙적으로 생활하기

사소한 것이라도 나만의 규칙을 만들어
생활하다 보면 미루는 행동이 조금씩
줄어들 거예요.

실천했는지 확인하기

목록을 적는 것에서 끝내지 말고,
해내지 못한 일이 있다면 무엇이 문제인지
반성해 보세요.

목록을 점차 늘리기

'오늘 해야 할 일' 목록이 익숙해지면
일주일, 한 달 단위로 점차 넓혀서
작성해 보세요.

13 제시간에 과제를 끝내기 어려워

미술 시간, 찰흙으로 그릇을 만드는데 나만 시간이 모자라는 거 있지. 친구들은 벌써 다 완성했는데 말이야. 난 왜 매번 시간 안에 끝내지 못할까?

1

네가 해야 할 일에 온전히 집중해 봐.
너한테 지금 필요한 건 집중력이야.

2

꼭 시간 안에 완성할 필요 없어. 사람
마다 속도가 다르잖아? 그리고 쉬는 시
간에 하면 돼.

3

좀 엉망이더라도 시간 안에 완성하는
게 중요해. 그러니까 빨리, 대충 끝내.

'멋진 선택'은 다음 쪽에서 확인!

어떤 친구들은 작품 구상에 너무 많은 시간을 쓸 때가 있어요. 그러면 정작 작품을 만들 시간이 부족해져서 결국은 시간 안에 완성하지 못하는 거죠. 그러니 작품을 어떻게 만들지 집중하는 노력과 함께 시간을 잘 분배하는 것도 중요해요.

그런데 또 어떤 친구들은 다른 사람 작품을 구경하느라, 참견하느라 집중력이 흐려지기도 해요. 친구들 작품은 나중에도 구경할 시간이 많으니, 오로지 내 작품에 집중하도록 하세요. 시간에 쫓기면 잘할 수 있는 일도 해내기 어렵답니다.

그리고 무엇보다 책상에 끈기 있게 앉아 있는 습관을 길러 보세요. 책상에 꾸준히 앉아 있는 습관이 먼저 자리 잡히면, 자연스레 집중력도 높아지고 해내는 속도가 빨라질 거예요.

🗨 사소하지만 중요해! 집중하는 습관

제시간 안에
완성하려면
집중해야 해.

목표를 정확히 알면
집중력이 올라가.

📅 나를 위해 바꾼자! 습관⁺

집중력 방해꾼 없애기

핸드폰, 태블릿 컴퓨터, 만화책,
캐릭터 문구류 등 집중을 방해하는
물건들을 치워요.

1시간 간격으로 휴식하기

너무 오래 집중하면 오히려 일 처리
능력이 떨어져요. 따라서 시간을 정해
확실하게 푹 쉬어요.

한 번에 한 가지만 몰입하기

하던 일을 완전히 끝내고 다음 일을
하세요. 여러 일을 한꺼번에 하면
집중력이 떨어져요.

14 세상에서 일기 쓰기가 제일 싫어

그다지 특별한 일도 없는데, 비슷비슷한 하루였는데 매일 일기를 쓰라고 하
니 괴로워. 일기 스트레스에서 벗어나고 싶어. 방법이 없을까?

1. 싫은 걸 억지로 하느니 차라리 하지 마. 선생님께 혼나면 되지, 뭐!

2. 일기 쓰기 싫은 네 마음에 집중해 봐. '일기 쓰기 싫은 날'이라는 주제로 솔직하게 쓰는 건 어때?

3. 어떻게 매번 정직하게 써? 그냥 거짓말로 놀이공원에 다녀왔다고 해. 한 번쯤은 괜찮아.

'멋진 선택'은 다음 쪽에서 확인!

오늘 나의
마음은….

매일 일기를 쓰는 일은 결코 쉽지 않아요. 맨날 똑같은 날들인데 자꾸 뭘 쓰라고 하니 부담스럽지요. 그런데 가만히 들여다보면 그 매일이 제각기 다르답니다. 어제와 같은 사람을 만났더라도 서로 나눈 이야기가 다르고 나에게 미친 영향도 달라요. 또 내가 겪은 일을 어떻게 생각하느냐에 따라 같을 수도 있고 다를 수도 있지요. 그러니 짧더라도 자주, 솔직하게 나의 마음을 일기장에 털어놓아 보세요. 은근히 스트레스가 풀리고, 또 나중에 읽어 보면 내가 당시에 느꼈던 감정을 떠올리면서 추억을 되살려 볼 수 있어요. 그렇기 때문에 일기는 거짓으로 꾸며서 쓰면 안 돼요. 솔직한 마음과 경험을 담도록 하세요. 주의할 점은, 일기에는 온종일 있었던 일을 모두 쓰는 게 아니에요. 하루 중 기억에 남는 일 한두 가지를 떠올린 뒤 재미있었거나 기뻤거나 슬펐거나 답답했던 일을 자세하게 쓰세요. 그리고 생각과 감정을 솔직하게 표현하면 돼요.

💬 **사소하지만 중요해! 일기 쓰는 습관**

너의 솔직한 마음을
일기장에 담아 봐.

형식이나 분량에
얽매이지 않아도 돼.

📅 **나를 위해 바꾸자! 습관⁺**

일기는 내 인생의 소중한 추억들이 차곡차곡 쌓이는 마법의 저장소예요. 하루 동안 있었던 사건을 적어야 한다는 생각에서 벗어나 다음과 같이 자유롭게 써 보세요.

- 만화, 포스터 등 다양한 형식의 그림으로 표현해 보세요.

- 감명 깊게 읽은 책의 주인공에게 편지를 써도 돼요.

- 마음을 꼭꼭 담은 시를 쓰는 것도 좋아요.

15 뭐든 척척 대답하는 친구가 신기해

우리 반 회장은 선생님이 질문하시면 제일 먼저 손을 번쩍 들고 자신 있게 말해. 좀 멋져 보이고 부럽기도 해. 나도 척척박사가 되고 싶은데, 비결이 없을까?

척척박사는 아무나 하냐고. 공부 엄청 해야 해. 못할 것 같으면 그냥 포기해.

그게 뭐가 부럽냐? 잘난 척하는 친구들이 꼭 저러더라.

매일매일 예습, 복습을 해 봐. 머릿속에 오래 남고 수업 시간에 자신감도 생길 거야.

'멋진 선택'은 다음 쪽에서 확인!

한 번에 많이 공부한다고 해서 갑자기 척척박사가 되거나 똑똑해지진 않지요. 그럼 어떻게 해야 할까요? 가랑비에 옷이 젖듯이, 하루에 조금씩 양을 정해 꾸준히 예습과 복습을 하는 거예요.

예습을 하면 수업에 집중하는 데 도움이 돼요. 많은 친구들이 예습을 부담스러워하는데, 그러나 예습은 교과서 내용의 흐름을 파악하는 정도만 하면 되니 너무 부담을 느끼지 않으면 좋겠어요. 그리고 복습은 우선 수업을 집중해서 잘 듣는 것부터 시작해요. 그러면 복습할 때 훨씬 기억에 잘 남으니까요. 선생님이 강조하는 내용을 공책에 꼼꼼히 필기하는 것도 도움이 돼요.

무엇보다 매일 조금씩 꾸준히 하는 것이 중요해요. 잘하려는 욕심과 부담은 내려놓고 차근차근 해 보세요. 그럼 내 마음속 생각 나무가 무럭무럭 자라서 나도 어느새 똑똑 박사가 되어 있을 거예요.

🗨 사소하지만 중요해! 예습·복습하는 습관

매일, 조금씩,
꾸준히 공부하자.

예습, 복습은
학교 공부를 더 즐겁게
해 줘.

📅 나를 위해 바꾸자! 습관⁺

효과 만점 예습 Tip

● 모르는 단어에 표시해 두세요. 수업 때 그 부분을 집중해서 들을 수 있어요.

● 과목당 딱 10분만 공부하세요. 너무 많이 예습하면 오히려 흥미가 떨어져요.

효과 만점 복습 Tip

● 선생님이 수업 때 강조한 부분을 여러 번, 가볍게 훑으며 기초를 다져요.

● 중요한 내용을 요점 정리 노트에 옮겨 적어 보세요. 머릿속에 오래 남아요.

16 숙제를 다 못 했는데 친구들이 놀재

한창 숙제를 하고 있는데 친구들이 놀자고 찾아왔어. 친구들은 숙제를 언제 다 했지? 에구, 마음이 너무 초조해. 어떡하지?

1 지금 중요한 건, 네가 계획한 일을 끝내는 거야. 집중해!!

2 에잇! 일단 신나게 놀자. 나중에 밤에 하지, 뭐.

3 선생님께 숙제가 뭔지 몰랐다고 거짓말하면 돼. 엄청 혼나진 않을 거야.

'멋진 선택'은 다음 쪽에서 확인!

숙제는 약속입니다. 선생님과 나와의 약속이며, 나 자신과의 약속이기도 해요. 약속을 어기는 사람은 신뢰를 쌓기 어렵죠. 쉬운 말로 믿음직스럽지 못하다고 할 수 있어요.

그리고 지금 해야 할 일을 자꾸 미루면 나중에는 걷잡을 수 없이 커져요. 그러면 다시 시작할 엄두가 나지 않아서 쉽게 포기할 가능성이 매우 커요. 그러니 힘들고 귀찮더라도 또는 친구들이 놀자고 유혹하더라도 할 일을 미루지 않기로 해요.

이때 여러분에게 도움이 되는 것이 바로 생활 계획표예요. 생활 계획표를 짜 두면 그날 해야 할 중요한 일을 빠트리지 않고 챙길 수 있어요. 반면 계획을 세우지 않고 마구잡이로 하다 보면 집중도 잘 안 되고 한눈을 파는 경우도 생겨요. 즉, 목표를 제대로 알지 못하면 시간을 낭비하게 되죠. 지금 여러분에게 가장 중요한 것이 무엇인지 잘 확인한 뒤 해야 할 일에 집중, 또 집중하세요!

📣 사소하지만 중요해! 계획하는 습관

지금 가장 중요한 게
무엇인지 생각해.

계획하는 것만큼
실천도 중요해.

📅 나를 위해 바꾸자! 습관⁺

생활 계획표를 짜기 전에 다음의 내용을 꼭 고려해 보세요. 계획표대로 실천하는 것이 조금은 쉬워질 거예요.

● 목표를 작게 나누기

큰 목표를 달성하기 위한 작은 목표를 중심으로 적으세요. '책 읽기', '독후감 쓰기' 대신 '책 1쪽
읽기' '독후감 첫 문장 쓰기'처럼요. 그러면 성취감도 크고 자신감이 쑥 자랄 거예요.

● 계획표에 나만의 시간 꼭 넣기

목표만 가득 적지 말고, 내가 좋아하는 일을 중간중간
넣어서 기분을 풀어 주세요. 그래야 계획표대로 실천할
수 있는 힘이 생겨요.

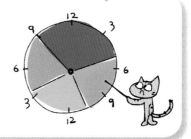

17 수업 시간이 지루해서 엎드리고 싶어

선생님이 열심히 설명하시는데 도통 집중이 안 돼. 지루하고 재미없어서
그냥 엎드리고 싶어. 그런데 친구들은 눈빛이 초롱초롱해. 내가 문제인가?

선생님, 죄송하지만 화장실 좀….

1 수업 시간에 집중하는 건 학생의 도리야. 선생님께 말씀드리고 화장실에 가서 세수라도 하고 와.

모르시겠지?

2 학교 공부는 원래 재미없어. 그래도 공부하는 척은 해야 하니 선생님 몰래 하고 싶은 거 하면서 참아.

3 어떻게 매일 열심히 해? 피곤한 날도 있는 거지. 선생님께 잘 말씀드리고 제대로 엎드려 자.

'멋진 선택'은 다음 쪽에서 확인!

학교에서의 모든 공부가 매번 재미있을 수는 없어요. 그래서 누구나 가끔은 집중력이 흐트러질 수 있어요. 하지만 그렇다고 수업 시간에 엎드려 자는 행동은 옳지 않아요. 열심히 수업을 하시는 선생님에게 불손한 행동이고, 다른 친구들의 공부를 방해하는 행동이기 때문이에요. 교실에는 나 혼자 있는 게 아니에요. 친구들과 함께 공부하는 공간이므로 수업을 방해하지 않도록 서로 노력해야 해요. 모든 친구들이 '나 하나쯤은 괜찮겠지?' 하는 생각으로 떠들고 산만하게 행동한다면 교실은 어떤 모습일까요? 엉망진창이 된 교실에서 아무도 공부할 수 없을 거예요. 그러니 교실에서 지켜야 하는 최소한의 예의는 꼭 갖추고 참고 인내하는 힘을 키워 보세요. 무엇보다 집중하려는 노력은 학생의 기본 자세랍니다. 그리고 마음과 태도가 바뀌면 수업이 마냥 지루하지만은 않을 거예요. 적극적으로 수업에 참여하려고 노력해 보세요.

교실, 수업 시간이라는
상황에 맞게
행동하자.

늘 내 맘대로 할 순
없어. 참고 견디는 힘도
필요해.

⌨ 나를 위해 바꾸자! 습관⁺

우리는 하고 싶은 대로만 하며 살 수 없어요. 특히 학교에서는 더더욱이요! 우선 바른 자세로 앉는 연습부터 해

보세요. 자세가 바르면 마음가짐도 달라질 거예요.

- 의자 뒤편에 등, 허리, 엉덩이를 붙이고 앉아요.

- 두 팔은 편안하게 책상 위에 얹어요.

- 책을 보거나 글씨를 쓸 때 고개를 많이 숙이지 않아요.

- 다리를 끄거나 턱을 괴지 않아요.

선생님 설명을 이해한 척했어

선생님 설명이 잘 이해가 안 돼. 그런데 친구들은 모두 고개를 끄덕이네?

질문하고 싶었는데 창피해서 가만히 있었어. 나…, 잘한 거지?

잘했어! 나중에 부모님이나 학원 선생님께 물어봐서 해결하면 돼.

오늘 수업 너무 재밌었어.

친구들도 모르면서 아는 척하는 거야. 그러니 주눅 들지 말고 그냥 밝게 행동해. 뛸 필요 없잖아?

질문 있어요.

모르는 것도, 질문하는 것도 잘못이 아니야. 용기를 내어 선생님께 묻고 꼭 이해하고 넘어가!

'멋진 선택'은 다음 쪽에서 확인!

유독 질문하기 어려워하는 친구들이 있어요. 친구들의 놀림을 받을까 봐, 혹시 창피를 당할까 봐 걱정이 되는 거죠. 용기를 내어 손을 드는 게 부끄럽기도 하고, 귀찮기도 할 테고요. 그런데 아주 작고 사소한 문제더라도 잘 모르겠으면 반드시 질문하도록 하세요. 모르는 것을 묻는 것은 부끄러운 일이 아니에요. 처음부터 모든 것을 다 아는 사람은 없어요. 하나씩 배우다 보면 그 방면에서 뛰어난 사람이 되는 것이지요. 질문은 배우고자 하는 사람이 갖추어야 할 가장 기본적인 태도예요. 모르는 것을 알려고 하지 않는 것은 옳지 않답니다. 그리고 완벽히 이해하지 않고 넘어가면 그것들이 점차 쌓여서 나중에 큰 격차를 만들 수 있어요. 그게 오히려 더 부끄러운 일이지요! 선생님은 여러분의 공부를 도와주기 위해 학교에 계시는 어른이에요. 두려워하지 말고, 부끄러워하지 말고 질문하도록 해요.

😶 사소하지만 중요해! 질문하는 습관

질문을 두려워하지 말자.

모르는 것이 쌓이면 나중에 더 힘들어져.

🎹 나를 위해 바꾸자! 습관⁺

수업 중 모르는 것, 궁금한 것이 생기면 이렇게 해 보세요.

- 이해되지 않은 부분에 밑줄, 별표 등으로 표시하세요.

- 선생님의 설명이 끝나면 그때 손을 들고 질문하세요.
  (쉬는 시간에 따로 질문해도 돼요.)

- 질문하기 전에 스스로 해결해 보려는 노력도 중요해요.

일찍 일어나는 게 어려워

앗! 또 늦잠을 잤어. 나도 모르게 늦잠 자는 버릇이 몸에 배었나 봐. 여유롭게 학교 갈 준비를 하고 싶은데 방법이 없을까?

매일 정해진 시간에 일찍 잠자리에 들면 다음 날 일어나기 훨씬 쉬워. 알람도 잘 맞춰 놓고!

늦잠 좀 자도 돼. 밤마다 늦게까지 하고 싶은 것 실컷 하려면 어쩔 수 없지.

부모님 방에 몰래 알람 시계를 갖다 놓고 엄마를 먼저 깨워. 그럼 엄마가 널 깨워 주실 거야.

학교 가는 날만 신경 써서 일어나. 방학, 주말에 몰아서 실컷 자면 되니까.

'멋진 선택'은 다음 쪽에서 확인!

늦잠을 자면 부모님께 꾸중을 들어서 속상하지만, 더 속상한 건 하루를 짜증으로 시작한다는 점이에요. 스스로 먼저 일어나 식구들에게 반갑게 인사하고, 맛있게 아침을 먹고, 학교에 가면 내 몸과 마음에 기분 좋은 에너지가 생길 거예요. 그런데 반대로 늦잠을 자서 꾸중으로 시작하면, 당연히 기분이 좋지 않죠. 마음은 짜증으로 가득 찰 거예요. 아침밥도 먹기 싫어지고요. 학교에서 친구들을 만나도 정신이 멍할 수밖에 없을걸요?

일찍 일어나 상쾌한 아침을 맞이하기 위해서는 일찍 잠자리에 드는 습관을 가져야 해요. 아홉 시에 잠을 자기로 했다면 정해진 시간에 잠자리에 누워 잠을 청해 보세요. 어느 날에는 여덟 시에 잤다가, 어떤 날에는 열한 시에 자지 말고요. 더 놀고 싶은 마음이 생기더라도 내일을 위해서 꼭 잠을 청하도록 해요. 그래야 내 몸에 건강한 리듬이 생긴답니다.

사소하지만 중요해! 건강한 수면 습관

잠을 충분히 자야
건강해.

일찍 일어나서 상쾌한
아침을 누려 봐!

나를 위해 바꾸자! 습관⁺

수면 습관 만들기 대작전

● 잘 시간이 되면 핸드폰을 멀리 두어요.

● 침대에서 숙제, 게임 등을 하지 않아요.

● 잠들기 쉽게 방 안을 어둡고 조용하게 만들어요.

● 몸을 편하게 풀어 주는 간단한 스트레칭을 해요.

● 그래도 잠이 오지 않는다면 따뜻한 우유를 마셔요.

학교 급식이 맛없어서 먹기 싫어

점심시간, 친구들은 엄청 맛있게 밥을 먹어. 하지만 난 좋아하는 반찬이 없어서 고로워. 왜 먹기 싫은 음식을 억지로 먹어야 하는지 모르겠어.

1

편식은 정말 나쁜 버릇이야. 코를 막고 억지로라도 먹어. 눈 감고 꿀꺽 삼켜 봐. 할 수 있어.

2

먹기 싫은 음식을 먹으면 탈이 날 수 있어. 나중에 집에 가서 네가 좋아하는 걸 먹어.

3

튼튼해지려면 골고루 먹어야 해. 처음부터 많이 먹지 말고, 조금씩 차근차근 도전해 봐.

'멋진 선택'은 다음 쪽에서 확인!

편식 습관이 어린이들만의 이야기 같지만, 사실은 그렇지 않다고 해요. 오히려 성장 과정에서 점점 더 심해지는 경향이 있어서, 어른이 되어서도 고치기 어려운 버릇 중 하나라고 합니다. 그래서 어릴 때부터 균형 잡힌 식습관을 가질 수 있도록 노력해야 해요. 무엇보다 성장기에 특정한 음식만 가려서 먹거나 단 음식 위주로 먹으면 영양소를 골고루 섭취할 수 없어요. 그러면 비만을 일으키기 쉽고 충치도 잘 생긴다고 해요. 그러니 건강하고 멋진 사람으로 자라고 싶다면, 무엇이든 잘 먹는 게 좋아요.

물론 원치 않는 음식을 먹는 것은 힘든 일이에요. 그러니 처음부터 많이 먹으려 하지 말고 조금씩 음미하는 것부터 해 보세요. 음식을 만든 사람의 정성을 생각하면서요. 그리고 모든 음식의 맛을 골고루 느껴 보는 것도 우리 삶의 큰 즐거움이 될 수 있답니다.

··· 사소하지만 중요해! 골고루 잘 먹는 습관

건강한 몸을 위해
편식은 금물!

다양한 맛을
고루 느껴 봐.

나를 위해 바꾸자! 습관⁺

건강을 챙길 수 있는 식사 습관을 알려 줄게요. 조금은 귀찮고 어려울 수 있지만 건강을 위해 꼭 실천해 보세요.

● 하루 세 끼를 규칙적으로 먹고, 아침은 꼭 챙겨 먹어요.

● 인스턴트 음식, 패스트푸드는 되도록 먹지 않아요. 살이 쉽게 쪄요.

● 맵고 짜고 단 음식은 건강에 해로워요. 자극적인 음식은 피하세요.

● 소화가 잘되도록 음식을 꼭꼭 씹어 먹어요.

● 수분을 보충해 주는 물을 틈틈이, 자주 마셔요.

양치하기 너무 귀찮아

양치하는 건 정말 정말 귀찮아. 치약이 매워서 30초 이상 견디기도 힘들고. 그래서 양치를 게을리했더니 충치가 3개나 생겼어. 양치도 싫지만 치과는 더 더 싫어. 으윽, 어떡하지?

평소에는 양치하지 말고 편하게 지
내. 이가 썩으면 그때 눈 딱 감고 치
과 가면 돼.

하루 세 번 2~3분씩만 투자해도
건강한 치아를 가질 수 있어. 귀찮
아하지 말고 습관을 들여 봐.

양치는 많이 하면 할수록 좋아. 틈
날 때마다 수시로, 자주 해!

양치는 잘 안 하더라도 구강 검진만
잘 받으면 문제없어. 걱정 마!

'멋진 선택'은 다음 쪽에서 확인!

희고 건강한 치아를 가진 사람은 미소도 건강해 보여요. 귀찮은 마음에 양치를 게을리하면 나중에 더 큰 고통이 찾아온다는 건, 여러분도 잘 알 거예요. 건강한 치아를 가지려면 양치를 깨끗이 잘하는 것이 가장 기본이고 제일 중요해요. 스스로 꼼꼼하게 닦을 수 있도록 지금부터라도 연습해 보세요.

1. 구석구석 꼼꼼하게 양치하기 : 칫솔을 이용해 모든 치아를 빠짐없이 꼼꼼하게 닦아 주세요.

2. 양치 시간 2~3분 유지하기 : 너무 짧게 양치하면 치아에 이물질이 남아 충치가 생길 수 있고, 너무 오래 하면 치아가 닳을 수 있대요.

3. 매일 밤 양치 후 치실 사용하기 : 치실을 쓰면 칫솔로 닦이지 않는 이와 이 사이를 깨끗하게 관리할 수 있어요.

💬 사소하지만 중요해! 양치하는 습관

하루 세 번, 2~3분
양치 규칙을 지키자.

구석구석 빠뜨리지
말고 꼼꼼히 닦아.

⌨ 나를 위해 바꾸자! 습관⁺

생활 속 작은 습관이 알게 모르게 구강 건강에 영향을 미쳐요. 건강한 치아를 위해 꼭 새겨 두세요.

● 탄산음료를 자주 마시면 음료에 든 설탕이 이에 붙어 충치를 유발해요.

● 얼음이나 사탕을 씹어 먹는 버릇하면 치아가 깨질 확률이 높아요.

● 습관적으로 이를 악물면 치아가 닳거나 상할 수 있어요.

● 한쪽으로만 씹지 말고, 양쪽 치아와 턱을 골고루 사용해야 치아 건강에 좋아요.

22 밥 먹는 시간이 오래 걸려

급식 시간만 되면 초조해져. 시간은 정해져 있는데, 늘 밥 먹는 시간이 모자라거든. 벌써 다 먹고 운동장으로 놀러 나가는 친구들을 보면 부러워. 내가 너무 느린가?

1 밥을 빨리 먹으면 체해. 점심시간을 넘기더라도 천천히 먹는 게 맞아.

2 밥 먹는 것에만 집중해 봐. 장난을 치거나 돌아다니는 습관이 있다면 고쳐야 해.

3 천천히 먹으면 친구들한테 좋아하는 반찬을 다 뺏긴다고. 서둘러!

'멋진 선택'은 다음 쪽에서 확인!

밥을 먹을 때 천천히, 오래 씹는 친구들이 있긴 해요. 그런데 혹시 급식 시간에 식사에 집중하지 않고 장난을 치거나 책을 읽거나 친구들과 이야기하느라 시간이 오래 걸리는 건 아닌지 살펴보세요.

반면 밥을 너무 빨리 먹는 것도 문제예요. 꼭꼭 씹어 넘겨야 하는데, 빨리 먹고 더 많이 놀고 싶은 마음에 제대로 씹지 않으면 배탈이 나기도 하거든요. 또 포만감이 늦게 차올라서 먹어도 먹어도 배고픈 느낌이 들기도 하지요.

그리고 학교 급식은 나 혼자만 먹는 것이 아니라, 모두가 규칙을 지키며 함께 식사하는 시간이에요. 그러니 내가 밥 먹는 속도가 너무 느리다면 다른 사람에게 피해를 줄 수도 있다는 점을 기억하고, 제시간에 식사를 끝낼 수 있도록 노력해야 해요.

💬 사소하지만 중요해! 올바른 급식 습관

급식 시간엔 식사에 집중하자!

꼭꼭 씹어 먹되 정해진 시간을 지키자.

📅 나를 위해 바꾸자! 습관⁺

다음은 급식 시간이 즐거워지는 작은 매너들이에요. 서로 배려하면서 즐겁게 식사하도록 해요.

- 한 줄로 서서 순서대로 음식을 받아요.

- 양손으로 식판을 잘 잡아요.

- 친구들과 부딪히지 않도록 조심해요.

- 큰 소리로 떠들지 않아요.

- 음식을 남기지 않도록 노력해요.

- 남은 음식은 한곳에 모으고, 수저와 식판을 분리해서 반납해요.

매일 운동하기 싫어

선생님이 방학 숙제로 '매일 운동하기'를 내 주셨어. 하지만 난 운동에 재능도 없고, 귀찮기만 해. 운동을 꼭 해야 해?

1

운동했다고 거짓말해. 정말로 했는지 안 했는지 선생님이 어떻게 알겠어? 절대 안 들켜.

2

귀찮더라도 매일 10분씩만 운동해 봐. 몰라보게 건강해지고 실력도 점점 늘 거야.

3

싫어하는 걸 억지로 하면 더 싫어하게 돼. 운동이 좋아질 때까지 기다려.

'멋진 선택'은 다음 쪽에서 확인!

운동을 좋아하는 친구도 있지만, 그렇지 않은 친구들도 참 많아요. 체육 시간이 제발 없어지면 좋겠다고 바라는 친구도 있죠. 이 세상이 내가 좋아하는 일로만 가득 차 있다면 얼마나 좋을까요? 하지만 안타깝게도 때로는 내가 하고 싶지 않고, 잘하지 못하는 일도 해야 해요. 그것이 운동이 될 수도 있죠.

그런데 몸을 많이 움직이는 운동은 우리의 건강을 튼튼히 지켜 줘요. 가끔 모든 게 귀찮고 공부도 안 되고 집중력이 떨어질 때가 있는데, 이처럼 몸이 피곤하면 아무것도 할 수 없어요. 그래서 건강한 상태를 유지하는 것이 무엇보다 중요해요. 몸이 건강하고 생기가 넘치면 공부도 일도 잘되고, 덩달아 모든 일이 신나게 느껴질 거예요. 그러니 조금 귀찮더라도 몸을 움직여 보아요. 그리고 여러 가지 운동을 조금씩 다 시도하고 경험해 보세요. 분명 여러분에게 잘 맞고 재미있게 느껴지는 운동이 있을 거예요.

💬 사소하지만 중요해! 운동하는 습관

규칙적인 운동으로 건강을 챙기자.

재밌게 느껴지는 운동을 찾아봐.

📅 나를 위해 바꾸자! 습관⁺

운동을 하면 뇌에 산소 공급이 원활해져 뇌세포가 똑똑해지는 도파민이 팍팍 나온대요. 몸도 튼튼해지고 공부도 잘되게 해 주는 운동을 꾸준히 해 보아요.

딱 10분만! 일단 시작!
거창한 계획을 세우는 대신, 5~10분이라도 일단 시작하는 것이 중요해요.

자투리 시간 활용하기
등굣길, 하굣길에 계단을 오르내리는 것도 훌륭한 운동이 돼요.

운동 친구 만들기
함께하는 친구가 있으면 책임감도 생기고 마음을 다잡는 데 도움이 돼요.

24 나도 모르게 텔레비전 앞에 가 있어

텔레비전에서 좋아하는 가수가 나오면 어느새 몸이 텔레비전 앞에 가 있어. 이러다 정말 텔레비전 속으로 들어가겠어. 눈도 자꾸 침침해지는 것 같고! 나 어떡해?

텔레비전을 가까이에서 보면 눈 건강에 안 좋아. 건강은 네가 스스로 챙겨야 해.

가까이에서 봐야 더 실감 나고 재밌지. 누구보다 네 마음 이해해!

혹시 시력이 나빠져도 안경을 끼면 되니까 그건 걱정 안 해도 돼.

'멋진 선택'은 다음 쪽에서 확인!

눈이 얼마나
중요한데!

내 몸의 주인은 바로 '나'입니다. 그래서 내 몸의 건강은 부모님도 그 누구도 아닌, 나 자신이 챙겨야 해요. 특히나 눈(시력) 건강은 한 번 나빠지면 다시 좋아지지 않기 때문에 잘 관리해야 해요. '몸이 천 냥이면 눈은 구백 냥'이란 말을 들어 봤나요? 우리 몸에서 눈이 얼마나 소중한지를 잘 보여 주는 말이지요.

그런데 요즘은 텔레비전만이 아니라 게임기, 컴퓨터, 휴대폰 등 눈 건강을 위협하는 유해 환경이 점점 많아지고 있어서 눈 건강에 더욱더 신경 써야 해요. 아마 많은 친구들이 나도 모르게 자꾸만 텔레비전 앞으로 가려고 하고, 어두운 곳에서 핸드폰을 보고, 깨끗하지 않은 손으로 눈을 비비는 행동을 할 거예요. 그럴 때마다 부모님께서 "뒤로 오렴. 밝은 곳에서 보렴. 눈 비비지 마라." 하고 말씀해 주시죠. 어른들의 듣기 싫은 잔소리라고 생각하지 말고, 오히려 여러분을 걱정해 주시는 것에 감사하는 마음을 가지면 좋겠어요.

💬 사소하지만 중요해! 눈 건강을 지키는 습관

적당한 거리를 두고 텔레비전을 보자.

컴퓨터, 핸드폰 등 미디어 멀리하기를 실천해 봐.

📅 나를 위해 바꾸자! 습관⁺

눈 건강을 지켜 주는 습관을 소개할게요. 대단하거나 어렵지 않으니 함께 실천해요.

● 텔레비전 시청, 컴퓨터 사용, 독서는 40분 정도 한 뒤 10~20분간 쉬세요.

● 조명은 너무 밝지도 어둡지도 않게 유지해 주세요.

● 텔레비전을 볼 때는 화면 크기의 5~7배 정도 떨어진 곳에서 보세요.

● 일 년에 한 번씩 안과 검진을 받는 것이 좋아요.

25 옷이 금방 더러워져

부모님이 새로 사 주신 옷을 입고 기분 좋게 학교에 다녀왔어. 그런데 어?

옷에 뭐가 이렇게 많이 묻었지? 내가 너무 덜렁댔나 봐. 평소에도 이럴 때

가 많아. 아휴.

1   반짝   깔끔

깨끗한 옷차림은 생각보다 중요해. 다른 사람에게 좋은 인상을 줄 수 있거든.

2

겉모습에 너무 신경 쓸 필요 없어. 진짜 중요한 건 마음이지!

오늘부터 헌 옷!

3

새 옷은 처음 입은 날만 조심하면 돼. 그다음부터는 헌 옷이 되니까 더러워져도 괜찮아.

'멋진 선택'은 다음 쪽에서 확인!

친구들과 신나게 놀다 보면 나도 모르게 옷이 더러워지기도 하고 몸이 지저분해지기도 해요. 만약 옷에 얼룩이 묻었다면, 화장실에 가서 즉시 닦거나 휴지를 사용해서 최대한 닦도록 해요. 별것 아닌 것 같지만 이러한 세심한 행동이 나를 더 돋보이게 해요. 또 옷매무새가 단정하면 좋은 인상을 줄 수 있고, 나도 모르게 자신감이 커진답니다.

따라서 최대한 청결하게 정돈된 외모를 유지하는 게 좋아요. 손을 자주 씻고, 양치와 샤워도 귀찮아하지 말고 자주 해야 하고요. 외모를 단정하게 가꾸는 것도 자신을 관리하는 습관 중 하나랍니다.

무엇보다 몸이 청결해야 병에 걸리지 않고 건강할 수 있어요. 반대로 몸이 지저분하면 병에 걸리기 쉬울 뿐 아니라 냄새가 나서 친구들이 싫어할 거예요. 그러니 몸은 늘 청결한 것이 좋겠죠?

단정한 매무새는
친구들에게 좋은
인상을 줘.

몸을 깨끗이 하는 것은
나를 잘 돌보는 일이야.

📅 나를 위해 바꾸자! 습관⁺

건강을 지키는 청결 습관은 아무리 강조해도 지나치지 않아요. 잘 새겨서 내 것으로 만들어 보세요.

● 외출 후 집에 돌아오면 손을 깨끗이 씻어요.

● 환기를 자주 하여 방 안을 맑고 깨끗한 공기로 채워요.

● 청소와 정리를 틈틈이 하여 방을 깨끗하게 유지해요.

● 목욕할 때 귀 뒤쪽, 발가락 사이까지 꼼꼼히 씻어요.

갖고 싶은 습관, 버리고 싶은 습관

여러분의 하루, 일주일, 한 달의 일상을 찬찬히 떠올려 볼까요?

그리고 내가 아직 갖지 못한 좋은 습관은 무엇인지,

내가 꼭 고쳐야 할 나쁜 습관은 무엇인지 적어 보세요.

빈칸을 채우다 보면 내게 필요한 습관, 버려야 할 습관이

무엇인지 깨달을 수 있을 거예요.

스스로를 객관적으로 돌아보며 열심히 노력해 보아요. 파이팅!

갖고 싶은 습관	이유	나의 다짐
예쁜 말 쓰기	욕이 입에 붙어서 친구들이 나를 싫어하는 것 같다.	말을 하기 전에 '하나, 둘, 셋'을 세고 말하기

버리고 싶은 습관	이유	나의 다짐
핸드폰 과의존	핸드폰 때문에 공부에 집중하기 어렵다.	핸드폰 금지 구역 만들기

도전!
습관왕 계획표

목표

1	2	3	4	5	6	7
8	9	10	11	12	13	14
15	16	17	18	19	20	21
22	23	24	25	26	27	28
29	30	31				

이번 달에 이루고 싶은 목표를 적고, 실천한 날짜에 색칠하세요!

도전!
습관왕 계획표

목표

1	2	3	4	5	6	7
8	9	10	11	12	13	14
15	16	17	18	19	20	21
22	23	24	25	26	27	28
29	30	31				

이번 달에 이루고 싶은 목표를 적고, 실천한 날짜에 색칠하세요!

초등 교과 연계